Ernst Tumpold
Susanne Wechdorn
Claudia Feichtenberger

Schulangst, nein danke!

*Kinesiologische Übungen
für Selbstvertrauen
und ganzheitliches Lernen*

Knaur

Inhalt

Teil I

Ernst Tumpold / Susanne Wechdorn

Schulangst

*Übungen für mehr Sicherheit
und Selbstvertrauen*

Wir haben Angst zu lernen,
weil wir Angst haben zu wachsen
und die größere Verantwortung
zu übernehmen, die mit dem Wachsen
einhergeht …
Aber schließlich gibt es keinen
anderen Ausweg,
als Verantwortung für uns selbst
zu übernehmen.

Tarthang Tulku

Für den bekannten Psychiater und Kinesiologen Dr. John Diamond ist „Angst die vorherrschende Grundhaltung in unserer modernen Gesellschaft". Jeder von uns wird unter bestimmten Randbedingungen von Ängsten vor bevorstehenden Ereignissen geplagt. Jeder von uns kann aber auf verschiedenen Ebenen etwas für sich tun. Ist die Thymusdrüse stark und aktiv und unsere Lebensenergie hoch, dann gibt es Angst, die sonst allen negativen Gefühlen zugrunde liegt, nicht. Bei der Gorilla-Übung aktiviert man sowohl die Thymusdrüse als auch den Energiefluß in den Akupunkturmeridianen.

Auch das Kreuztanzen in der „Sorgen-Box"-Übung stärkt die Thymusdrüse und aktiviert gleichzeitig beide Gehirnhälften.

Wer sich eine Situation so gut vorstellen kann, daß ihm vor Angst übel wird, der hat auch die Chance, sich die Dinge positiv vorstellen zu können. Der Körper differenziert nicht zwischen „echt" und „vorgestellt". In mehreren Übungen wird die Kraft der positiven Gedanken gemeinsam mit energetischen Körpermustern eingesetzt.

Als Übungszeit eignet sich am besten die Zeit nach dem Aufwachen und vor dem Einschlafen. Manch-mal ist aber das Aufarbeiten eines Problems zu einem anderen Zeitpunkt sinnvoller. Am Anfang ist es sicher sehr günstig, die Methoden gemeinsam mit dem Kind durchzuführen. Nichts unterstützt die Aufarbeitung von Problemen mehr als eine liebevolle häusliche Atmosphäre.

Eine weitere große Hilfe beim Anwenden dieser Methoden ist der Einsatz von meditativer Musik.

Es erscheint daher gleichzeitig mit dem Buch auch eine MC. Auch auf dieser werden auf der A-Seite Übungen und Methoden mit Musik vorgestellt, wie man Angst abbauen und das innere Vertrauen stärken kann. Auf der B-Seite sind zwei Programme, das Anti-Angst-Programm und das Besser-Einschlaf-Programm. Sollte sich bei Ihnen selbst und Ihrem Kind das Gefühl verstärken, daß man der Angst ins Auge schauen kann und etwas für sich und gegen die Angst tun kann, dann haben Buch und MC ihr Ziel mehr als erreicht. Auch Ihnen viel Mut und Erfolg.

HALLO, JUNGE FREUNDE!

Jeder von uns kennt das komische
Gefühl im Bauch, wenn die Angst
hochsteigt. Jeder ist hie und da ein
Angsthase.
Ein Leben frei von Angst wäre wunder-
schön.
Es scheint aber nicht möglich zu sein.
Was du lernen kannst – und das ist das Ziel dieses
Buches – ist der richtige Umgang mit der Angst.
Prüfungen, Diktate und Schularbeiten kannst du
nicht abschaffen. Du kannst aber deine innere Ein-
stellung ihnen gegenüber ändern.
Wir machen uns viel mehr Sorgen im Leben, als wir
Zeit haben, das alles zu erleben.
Dies wirst du selbst erfahren, wenn du alle Sorgen in
die „Sorgen-Box" wirfst, eine von zehn Übungen, die
du in diesem Buch findest und die dir helfen, mit deinen Problemen besser umzugehen und Angst abbauen
zu können.
Andere Übungen machen dich innerlich stärker und
mehr zuversichtlich. Je mehr du spürst, was in dir an
Gutem vorhanden ist, und je mehr Vertrauen du in
deine Fähigkeiten gewinnst, desto kleiner werden dir
die Probleme erscheinen.

Aber wie beim sportlichen Training darfst du auch bei diesen Übungen nicht erwarten, nach einmaligem Üben schon frei von Problemen zu sein. Übung macht den Meister, sagt ein altes Sprichwort.

Regelmäßiges Üben wird dir innere Stärke und den Erfolg bringen, den du dir so wünschst.

Ein Tip aus der Lerngymnastik:

Immer, wenn du dich nicht sicher fühlst oder besonders angespannt bist, trink ein Glas frisches, nicht zu kaltes Wasser.

Das erfrischt, macht munter und erleichtert das Lernen.

Und denk daran: Du bist so fähig, stark, mutig ... wie du dich in deiner Vorstellung siehst!!!

Alles Gute und viel Erfolg wünscht dir
Ernst Tumpold

PS: Und vergiß nicht: Wir sitzen alle im selben Boot. Mama, Papa, Lehrerinnen, alle kennen dieses flaue Gefühl im Magen.

WIRF ALLES IN DIE SORGEN-BOX

Du trägst stets einen Koffer voller Sorgen
mit dir herum? Siehst schwarz statt in
Farbe? Manches liegt dir schwer im Magen?

Probiere einmal das:

● Nimm dir eine Schachtel oder ein Glas
und mach daraus deine Sorgen-Box.

● Immer, wenn du dir über irgend etwas
Sorgen machst, schreib es auf ein Blatt Papier.
Falte es zusammen und stecke es feierlich in deine Box.
Du brauchst dann nicht mehr daran zu denken – du hast es ja
aufgeschrieben.

● Nach zwei Tagen leere
deine Box aus und lies deine
abgelegten Sorgen.
Du bist überrascht,
weil das meiste nicht
eingetroffen ist?
Gott sei Dank!
Freue dich darüber, daß
du dich nicht mit ihnen
beschäftigt hast.

SORGENBOX

- Wirf die Zettel mit den unnötigen Sorgen auf einen Haufen und tanze ein Freudentänzchen um den Haufen herum.

- Berühre mit dem Ellbogen das gegenüberliegende Knie. Linker Ellbogen – rechtes Knie – rechter Ellbogen – linkes Knie.

Tanze den Tanz der Dankbarkeit!
Gut, daß du deine Zeit nicht mit unnötigem Probleme-Wälzen verschwendet hast.
Ist von dem Sorgenhaufen noch etwas übrig?
Das kannst du mit den Methoden auf den nächsten Seiten aufarbeiten!

Gar nicht so leicht!

Probleme im Alltag werden immer wieder auftauchen.
Wie man damit umgeht, kann man lernen.
Wer sich Sorgen macht, zieht nur weitere Probleme an. Sorgen vernebeln und verzerren die Sicht.
90% aller Sorgen sind umsonst gemacht worden.
Das Kreuztanzen verbessert die Zusammenarbeit der beiden Gehirnhälften.
Das läßt die Dinge realistischer und klarer sehen.
Worauf warten Sie noch? Je weniger Sorgen Sie sich machen, desto besser geht es auch Ihrer Umgebung. Das können dann Sie wieder genießen!

DIE SCHLÄFENKLOPFER-ÜBUNG

Hast du es satt, dir immer Sorgen zu machen?
Ist Angst dein ständiger Begleiter?
Erwartest du immer das Schlimmste?
Wünscht du dir wirklich eine Änderung?
Dann versuche doch die folgende Methode:

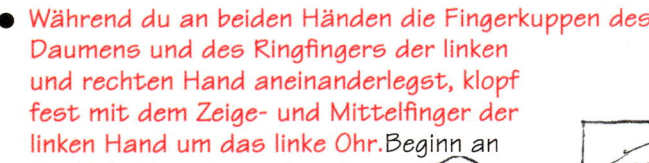

Trink zuerst ein Glas Wasser.
Danach atme einige Male tief durch.

● **Während du an beiden Händen die Fingerkuppen des Daumens und des Ringfingers der linken und rechten Hand aneinanderlegst, klopf fest mit dem Zeige- und Mittelfinger der linken Hand um das linke Ohr.** Beginn an der Schläfe und sag dazu laut:

* Ich, der/die . . . (setze deinen Namen ein), merke mir alles, was ich gelernt habe.

oder

* Bei der Prüfung geht alles gut.

oder

* Ich, der/die . . . (setze deinen Namen ein), bin erfolgreich in . . .

oder

* Ich bin gut in . . .
(Was immer du gerne hättest!)

● Nun klopfst du mit Zeige- und Mittelfinger der rechten Hand fest um das rechte Ohr. Diesmal sagst du laut dazu:

    * Es gibt keinen Grund mehr, daß ich, der/die ... (setze deinen Namen ein), mir nicht alles merke, was ich gelernt habe.

         oder

        * Es gibt keinen Grund mehr, daß bei der Prüfung nicht alles gutgeht.

            oder

            * Ich, der/die ... (setze deinen Namen ein), versage nicht in ...

> Das Klopfen entlang der temporo-sphenoidalen Linie wird in der Angewandten Kinesiologie zur Verankerung von positiven Formulierungen benützt, weil es das rund um das Ohr befindliche sensorische Filtersystem, das wichtige von unwichtigen Informationen aussiebt, vorübergehend auszuschalten scheint. So kann man leicht positive Ziele einschleusen und Gewohnheiten verändern.

15

DIE „ICH SCHAFFE ES HEUTE NOCH"-ÜBUNG

Bist du unzufrieden mit dir?
Traust du dir wenig zu?
Bist du oft mutlos?

Probiere folgendes:

- Trink vorerst ein Glas Wasser. Setz dich dann bequem hin. Atme einige Male tief durch.

- Denk an etwas, was du bis jetzt nicht geschafft hast, aber schaffen willst. Beobachte deine Gefühle dabei.

Ich schaffe es!

- Klopf mit der linken Hand dreimal pro Sekunde eine halbe Minute lang an der Außenkante der rechten Hand, in der Nähe der Falte, die sich beim Ballen der Faust bildet (siehe Bild). Während du klopfst, sagst du öfters: „Ich habe Vertrauen in meine Fähigkeiten und mag mich so, wie ich bin."

● Dann mach die Übung noch einmal mit Handwechsel.
Wie fühlst du dich jetzt?

Beobachte deine Gefühle nochmals, indem du an dein Ziel denkst, das du erreichen willst.

Viele von uns haben in ihrem Leben ein Selbstsabotage-Programm eingeschaltet. Dieses hindert uns, die Ziele zu erreichen, die wir uns stecken. Das Klopfen des Akupunkturpunktes „Dünndarm3" hilft energetisch mit, von Selbstsabotage auf Motivation umzustellen.

Ich mag mich so, wie ich bin!

DIE ANGST-ADE-ÜBUNG

Du weißt weder ein noch aus?
Fühlst dich total überfordert?
Denkst immer wieder dieselben Gedanken?

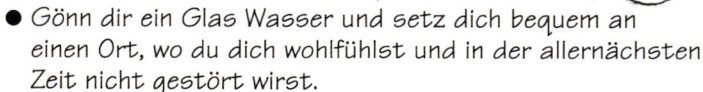

Dann mach die folgende Übung:

- Gönn dir ein Glas Wasser und setz dich bequem an einen Ort, wo du dich wohlfühlst und in der allernächsten Zeit nicht gestört wirst.

- Während du jeweils Daumen- und Ringfinger-kuppen der beiden Hände zusammenlegst, berühre mit den Fingerbeeren von Zeige- und Mittelfinger jeder Hand die kleinen Höcker auf der Stirn, die in der Mitte zwischen Augenbrauen und Haaransatz liegen.

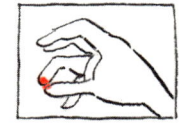

- Geh jetzt in Gedanken die Situation durch, die dir schwierig oder aussichtslos erscheint. Beobachte genau, was du siehst, hörst oder sonst noch wahrnimmst. Gleichzeitig laß deine geschlossenen Augen ganz langsam kreisen, zuerst in die eine, dann in die andere Richtung.

Die zwei Reflexpunkte auf den Stirnbeinhöckern gehören zum Magen-Akupunkturmeridian und bringen Energie und Aufmerksamkeit in einen Bereich des Gehirns, wo das rationale Denken ohne emotionale Überlagerung verfügbar ist. Dadurch wird eine entspannte und objektive Betrachtung wieder möglich. Das wird noch durch das gemeinsame Halten von Daumen- und Ringfingerkuppe und das Augenkreisen verstärkt.

● Wiederhole die Übung mit
geöffneten Augen.
Geh wieder gedanklich in die
Situation hinein.
Freu dich darüber, um wieviel
angenehmer du dich nach
kurzer Zeit fühlst.
Gleich sieht die Welt ganz
anders aus.

DIE „ICH LASSE MICH NICHT UNTERKRIEGEN"-ÜBUNG

Bringt dich alles gleich aus der Fassung?
Du bist dauernd nervös?
Wünscht du dir inneren Frieden?

Versuche es einmal mit dem Energieliegen!

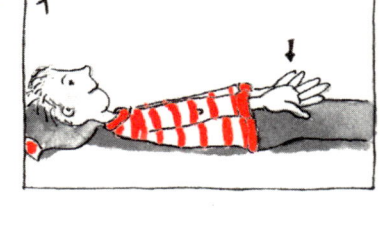

- Leg dich auf den Rücken und leg ein Bein über das andere.

- Strecke die Arme aus und bring die Handrücken zusammen. Überkreuze nun die Hände, verschränke die Finger und bring sie mit einer Drehung zur Brust. Die Fingerspitzen schauen jetzt nach oben. Atme ruhig und tief durch die Nase ein, die Zunge liegt am oberen Gaumen. Beim Ausatmen durch den Mund liegt die Zunge am unteren Gaumen. Jetzt ist die Zeit gekommen, es dir gutgehen zu lassen. Denk an deine Stärken. Sprich dir selbst Lob und Mut zu. Steh zu deinen Fehlern und schau, was du aus ihnen lernen kannst.

Das Energieliegen balanciert die Energie aller Akupunkturmeridiane aus. Das Selbstwertgefühl steigt. Die Atmung wird vertieft und die Aufmerksamkeit gesteigert. Die Hypersensibilität schwindet.

Nach ungefähr einer Minute entkreuze Arme und Beine und bring für eine weitere Minute die Fingerspitzen zusammen.
Na, wie geht es dir jetzt?
Du fühlst dich stark wie ein Löwe?
Wunderbar – aber bitte, laß alle leben!

DIE LICHTATMEN-METHODE

In schwierigen Situationen stockt
dir manchmal der Atem?
Du beißt die Zähne zusammen
und machst einfach weiter?
Die Lichtatmen-Methode hilft dir,
Schwierigkeiten lockerer zu meistern!

- Trink zuerst ein Glas Wasser.
  Mach's dir bequem und leg dich auf den Rücken.
  Auf den Bauch leg dir ein Buch – es müssen nicht alle Krimis
  sein, die du zuhause hast.

  Beobachte, wie sich beim Einatmen das Buch nach oben bewegt
  und beim Ausatmen wieder senkt.
- Denk an die Dinge, die dich belasten.
  Wo sitzt die Angst im Körper? Leg deine Hand auf diese Stelle.

Angst macht eng. Die Atmung wird sehr flach, die Versorgung des Gehirns und Blutes mit Sauerstoff wird reduziert und die Körperhaltung verfällt. Denken und Lernen ist nur mehr in eingeschränktem Maß möglich. Das Entspannen des Kiefergelenks verbessert auch die Energiezufuhr zum Gehirn. Dadurch wird die Aufmerksamkeitsspanne vergrößert und entspanntes Denken und Sehen möglich.

- Atme die Angst einfach aus, bis du sie im Körper nicht mehr spürst. Atme das warme Licht der Sonne ein und fülle die Stellen, wo die Angst saß, mit dem hellen Sonnenlicht auf. Bald wirst du dich wie in einer Lichtkugel spüren.

- Für die durch das Zähnezusammenbeißen verspannte Kiefermuskulatur gibt es eine kleine Zusatzübung. Mach es wie ein Waldviertler Karpfen.
  Mund auf, Mund zu, immer wieder den Unterkiefer fallen lassen.
  Das entspannt.

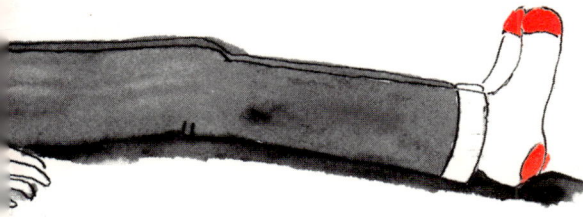

PHANTASIEREISE MIT STIRN-HINTERKOPF-HALTEN

Manches will dir einfach nicht gelingen?
Du hast schon Angst, wenn du nur
daran denkst?
Dann wird es Zeit für das „Kino im Kopf".
Mach dich auf die Reise ins Land der
Phantasie.

● Nimm dir Zeit für diese Übung.

● Setz dich oder leg dich hin. Mit deinen beiden Händen hältst
du dir die Stirne und den Hinterkopf.

● Begib dich im Geist an einen Ort, wo du dich wohl und geborgen
fühlst.

● Dort triffst du eine(n) ganz liebe(n) Freund(in).
Erzähle dieser Vertrauensperson dein Problem in allen
Einzelheiten; was du gesehen, gehört, gefühlt, gerochen und
gespürt hast; was du und die anderen gesagt haben . . .
Frag nun deine(n) Freund(in), was er/sie dazu sagt.
Unterbrich nicht dabei.
Hast du die Sache schon einmal so gesehen?
Bedanke dich für die andere Sicht der Dinge.

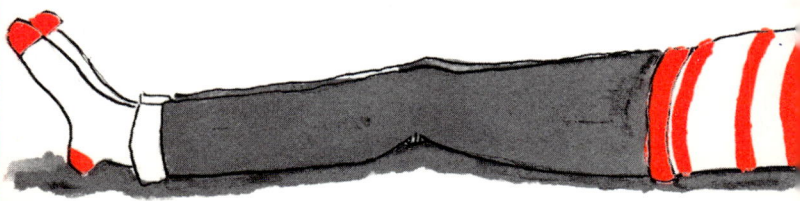

Das Stirn-Hinterkopf-Halten verhilft zu einer ruhigen und emotionsfreien Sicht der Dinge. Vergangene Stressoren können so unschädlich gemacht und alte Reaktionsmuster aufgelöst werden. Der Angst müssen wir direkt begegnen, wenn wir sie auflösen wollen. Während einer Phantasiereise ist dies leichter möglich. Der Körper unterscheidet nicht zwischen „echter" und „vorgestellter" Situation.

● Stelle dir jetzt vor, wie du die Sache mit Erfolg angehst. Wie fühlt sich das an? Und vor allem: Glaub an dich! Alles kann gelingen! Kehre dann wieder von deiner Reise zurück. Wenn es möglich ist, geh die Sache sofort an. Dann weißt du genau, was sich geändert hat. Das „Kino im Kopf" ist eine wunderbare Möglichkeit, mit der Angst aufzuräumen!

WEG MIT DER ANGST IM NACKEN

Bist du manchmal fast starr vor Angst?
Sind dann deine Schultern hochgezogen
und der Nacken verkrampft?

Dann ist es das beste, sofort etwas dagegen zu unternehmen!

● Setz dich auf einen Sessel, die Füße sind flach auf dem Boden.
Nimm eine Stelle des linken Schultermuskels fest zwischen
die Finger der rechten Hand und drehe den Kopf ganz langsam
nach rechts wie eine Eule und atme dabei aus. Bei der
Drehung bleibt das Kinn auf gleicher Höhe. Nun wechsle zum
rechten Schultermuskel.

● Im Einatmen drehe den Kopf langsam zur Mitte, und während
du ausatmest, senke das Kinn zum Brustbein.

Ist der Nacken-Schultermuskelbereich geschlossen und verspannt, so wirkt er wie ein Absperrventil für die Energiezufuhr zum Gehirn. Eine offene, entspannte und lockere Nacken- und Schultermuskulatur ermöglicht die Zusammenarbeit von Körper und Geist. Man wird aufmerksamer und merkt sich wieder viel mehr.

GORILLA-ÜBUNG

Es gibt Zeiten, da ist man für alles viel
zu müde. Wer kann da noch lernen?
Wetten, daß du mit der Gorilla-Übung
alle deine Lebensgeister aufweckst
und dich danach mit einem Affenzahn
aufs Lernen stürzt!

Also, her mit der Energie!!!

● Klopf dir abwechselnd auf deine linke und rechte Schulter.

● Dann die Innenseite des linken Armes von der Schulter bis zu
den Fingerspitzen mit der flachen
rechten Hand abklopfen.
Drehe dann den Arm um und klopf die
Außenseite wieder hinauf bis zu den
Schultern.

● Wechsle zur anderen Schulter und geh
mit dem rechten Arm genauso vor.
Jetzt werden
die grauen Zellen
geweckt.

● Beginn mit den Fingerspitzen beider
Hände links und rechts des Mittel-
scheitels vom Haaransatz an einige
Male auf den Schädel zu klopfen und

Mit der Gorilla-Übung aktiviert man spürbar das Akupunkturmeridiansystem.
Das Trommeln auf das Brustbein entspricht physiologisch der Aktivierung der
Thymusdrüse. Die Übung kann auch meditativ durchgeführt werden.
Vor Beginn der Übung die Hände gut reiben oder „trocken waschen". Dann wie
vorhin vorgehen, nur ohne den Körper zu berühren. Die flache
Hand streicht in ca. 2 cm Entfernung ganz langsam über
den Körper.

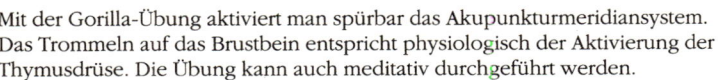

dann mit den beiden Handflächen weiter
über den Hinterkopf, den Hals und
Nacken und dann entlang der Außenseite
deines Körpers bis zu den Zehen.
Die Innenseite der beiden Beine wieder
hinauf und vom Bauch weiter, bis du die
Übung am oberen Teil der Brust mit
einem Trommeln à la Gorilla beendest.

● Mach die Übung ein- bis dreimal, dann
bist du nicht mehr zu bremsen!

Bis zu den
Zehen!
Das ist für einen
Elefanten gar
nicht so leicht!

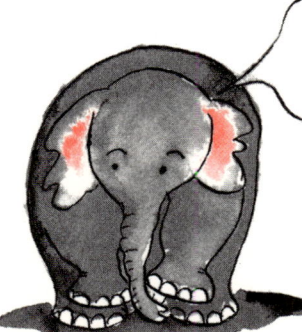

GEDANKEN-WISCHER

Wenn du nur schwer zur Ruhe kommst, weil du
im Kopf einen richtigen Gedankensalat hast,
wisch diese Gedanken einfach weg.

   Das ist gar nicht schwierig.

● Wandere mit den Augen über dein
  inneres Bild.

● Schließ deine Augen, und alles,
  was dich belastet, wisch weg
  und ersetze es durch etwas,
  das für dich angenehm ist.
  Male es dir in allen Einzelheiten aus. Mach die Augen
  wieder auf und freue dich,
  daß du dir selbst ein neues
  Bild erschaffen konntest.

Ein solcher Gedanken-Wischer
ist ein Werkzeug zur inneren
Reinigung. Diese Art von men-
talem Training ist ein bewährtes
Hilfsmittel, in sich selbst die
Mitte und die innere Kraft zu
spüren.

31

Teil II

Claudia Feichtenberger / Susanne Wechdorn

Lerntechniken

Tips und Tricks für ganzheitliches Lernen

Liebe Eltern!

Die Gehirnforschung hat in den letzten 30 Jahren enorme Fort-
schritte gemacht. Pädagogen und Forscher auf der ganzen Welt
überlegen sich, wie diese Erkenntnisse in die Praxis des Leh-
rens und Lernens umzusetzen sind. Infolgedessen wurde in den
letzten Jahren eine Vielfalt äußerst wirkungsvoller Lehr- und
Lernmethoden entwickelt.

Die Lerntechniken, die in diesem Buch vorgestellt werden,
wurden nach folgenden Kriterien ausgesucht:
– einfache, leichte Umsetzung
– große Wirksamkeit
– Anwendbarkeit bei den Hausaufgaben
Diese Lerntechniken sprechen spezielle Bereiche unseres Gehirns an, die beim üblichen Lernen oft brachliegen. Gängige
Lernmethoden aktivieren vorwiegend unsere linke (oder logi-
sche) Gehirnhälfte, während der rechte Teil unseres Großhirns,
der kreativ-emotionale Tätigkeiten steuert, unterfordert bleibt.
Durch entsprechende Aktivierung (z. B. über Bewegung, Sehen,

Hören und Tun) wird der Lernstoff vielfältiger verknüpft, besser abgespeichert und ist auch wieder leichter abrufbar.

Vielleicht erscheinen Ihnen die vorgestellten Methoden zu einfach („Das soll helfen?"). Dann bitten Sie Ihr logisches Gehirn (links) um ein bißchen Geduld, und lassen Sie sich auf Tun ein (rechts). Erspüren Sie, was diese Methoden bei Ihnen bewirken. Kinder jedenfalls spüren das sehr schnell und deutlich! Erleben Sie es, und genießen Sie es mit Ihren Kindern: nämlich, daß Lernen vor allem Bewegung ist.

Claudia Feichtenberger

HALLO KINDER!

Ich bin Beate, 12 Jahre alt, und gehe
ins Gymnasium.
Und ich bin Iris, 10 Jahre alt, und
gehe in die Musikhauptschule.
Ich bin Markus, 9 Jahre, und
ich gehe in die Volksschule.
Wir drei sind Geschwister, und wir
haben alle drei an einem „Lerntraining" teilgenommen – da lernt
und erfährt man, wie man besser, schneller und auch lustiger lernen
kann. Wir stellen dir in diesem Buch neue Lernmethoden vor, die
wir besonders gut finden. Das Besondere daran ist, erklärte uns
Claudia beim Lerntraining, daß man mit diesen Methoden den
Stoff besser behält und daß er einem auch schnell wieder einfällt,
wenn man ihn braucht, z. B. bei Prüfungen.
Daß das wirklich so ist, haben wir inzwischen schon bemerkt!
Vor dem Lerntraining war unsere Mutter immer entsetzt, wenn wir
beim Lernen einmal aufgestanden sind oder bei den Aufgaben
Musik hören wollten – aber jetzt ist sie froh, wenn wir uns beim
Lernen mit dem Buch in der Hand durch die ganze Wohnung
bewegen oder sogar zu einer Lernschachtel joggen, um die Schere
und dicke Stifte zu holen . . . Dann weiß sie nämlich, daß wir mit den
neuen Lernmethoden arbeiten.
Wir sind sicher, daß auch du damit viel Spaß und
Erfolg haben wirst. Vielleicht ist deine Mutter auch
froh, wenn du sie um großes Packpapier bittest,
um ein Lernplakat zu gestalten.

Markus, Iris und Beate

VORBEREITUNGSRITUAL

Hallo!
Bevor wir mit den Aufgaben beginnen, schalten wir mit einigen Übungen unser Gehirn zum Lernen ein. Drei Übungen aus der „Lerngymnastik" helfen uns dabei!

● 1. Gehirnknöpfe

* Mit dem Daumen und dem Zeigefinger einer Hand reibst du die Gehirnknöpfe links und rechts neben dem Brustbein.
* Die andere Hand legst du auf den Nabel.

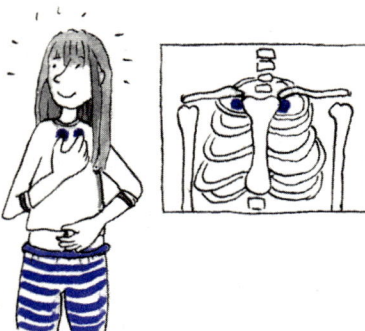

Dauer: 1 Minute, dann Handwechsel

Wirkung:
* Lernen und Denken mit dem ganzen Gehirn.
* Erhöhung des Energieniveaus
* Erhöhung der Aufnahmebereitschaft

● 2. Denkmütze

Massiere mit Zeigefinger und Daumen einer Hand gleichzeitig sanft beide Ohren, von oben nach unten und von innen nach außen (Ohren ausrollen).
Dauer: 15mal

Wirkung:
* Anregung der Denkfertigkeit
* Aktivierung des Gedächtnisses

● 3. Augenachten

* Strecke einen Arm aus und schwinge eine große, liegende Acht in die Luft.
* Gehe von der Mitte aus immer nach rechts oder links.
* Kopf ruhig halten; verfolge mit deinen Augen die Acht.

Dauer: 10mal mit dem linken Arm, 10mal mit dem rechten und 10mal mit beiden Armen gleichzeitig

Wirkung:
* Förderung des Lesens und des Leseverstehens
* Anregung des Schreibflusses

So wirkt das tägliche „Vorbereitungsritual" bei Beate, Iris und Markus:

Beate: Ich bin schneller bei den Aufgaben, es macht mir auch mehr Spaß!

Iris: Ich konzentriere mich besser! Ich mache weniger Fehler und lasse keine Buchstaben oder Worte mehr aus.

Markus: Ich mache die Übungen auch vor Prüfungen und fühle mich anschließend ruhig und sicher.

Wichtig! Vorher ein großes Glas Leitungswasser trinken!

Wirkung:
* fördert Klarheit
* erleichtert das effiziente Lagern und Auffinden von Information

39

LERNSPAZIERGANG

 Diese Lerntechnik hab ich aus der Schule! Meine Englischlehrerin sagte plötzlich: „Steht alle auf, nehmt euer Buch in die Hand und geht in der Klasse spazieren, jeder für sich, und lest dabei den neuen Text 2mal durch!" Wir schauten uns alle an und kannten uns gar nicht aus!
Aber die Lehrerin schien es ernst zu meinen!
Also taten wir, was sie sagte.
Wir gingen um die Bänke, den Lehrertisch und durch die Reihen, und nach einiger Zeit spürte ich, daß das sehr angenehm war. Meine Englischlehrerin erklärte uns auch, daß durch die Bewegung Blockaden im Gehirn gelöst werden und wir dadurch den Stoff besser aufnehmen. Ich mache diese Lernspaziergänge auch zu Hause, auch in anderen Fächern!

Du brauchst:
* Lernstoff

● Das kannst du damit üben:

  * Wiederholungen in allen Fächern
  * Durchlesen von neuem Text
  * Vokabeln
  * Wiederholen mit Mind Map

● So wird's gemacht:
  * Du lernst etwas und gehst dabei spazieren — so einfach ist das!
        * Wähle aus:
        Spaziergang in deinem Zimmer, der Wohnung oder
        im Haus, im Garten, in der Natur.
        Spaziergang alleine, mit PartnerIn (Mutter, Vater,
        Geschwister, FreundIn)
        * Du kannst
        — dir vorher Fragen aufschreiben, die du
        beim Lernspaziergang beantwortest
        — Texte, Vokabeln, Stoff leise lesen
        oder laut (siehe: „Stimme dazu!")
        — den Text/Stoff anschließend
        mündlich zusammenfassen (Absatz
        für Absatz)
        — Mind Maps wiederholen

Nicht vergessen! Zwischendurch mal rückwärts gehen!

BILD DAZU!

Ich zeichne und male ganz besonders gerne und mache das nicht nur in den Zeichenstunden! Denn seit dem „Lerntraining" habe ich die Erlaubnis, es auch in den anderen Fächern zu tun! Toll! Ich lasse jetzt in meinen Heften zwischendurch Platz, damit ich dann zu Hause beim Lernen eine Zeichnung einfügen kann, denn ich weiß jetzt, daß die Wörter in meiner linken Gehirnhälfte verarbeitet werden, die Bilder in der rechten. Wenn ich also zu neuen Begriffen auch ein Bild finde und es aufmale, ist das Wort viel fester in meinem Gehirn verankert, und ich kann es auch schneller wieder abrufen. Zweimal gespeichert ist eben besser als einmal!

Du brauchst:
* bunte Stifte
* Platz in deinem Heft (genug Rand, dazwischen mal eine halbe Seite frei)
* deine Vorstellungskraft

● **Das kannst du damit üben:**

* neue Begriffe
* Fremdwörter
* wichtige Begriffe

● So wird's gemacht:

* Der Begriff muß dir klar sein — wenn nicht, kläre ihn (Eltern, Lexikon, Lehrer).

   * Schließe deine Augen, laß vor deinem inneren Auge ein Bild dazu auftauchen — es kann ruhig komisch sein.

      * Wenn das Bild für dich ganz klar ist: Augen auf!

      * Mal das innere Bild neben deinen Begriff.

ADDITION:

DETAIL:

Nun versuch's einmal selbst!

Iris: „Mit einem kleinen Training geht es gleich leichter! Übe den Vorgang des Bildermachens mit den Begriffen ‚Detail‘, ‚Addition‘ und ‚Donaudampfschiffahrtsgesellschaftskapitänsanzug‘..."

STIMME DAZU!

Also, etwas Mut braucht man schon, wenn man zum ersten Mal einen Text laut für sich liest! Besonders spannend und wirkungsvoll ist es, wenn man seine Stimme entdeckt! Ich lese mit Stimme meine Vokabeln, auch ganze Texte in der Fremdsprache, sogar in Latein! Aber auch in Geographie geht es prima! Ich mache mit den Händen und Armen auch Gesten und Bewegungen dazu, verändere die Stimme, höre ihr zwischendurch zu und hab das Gefühl, daß ich mir den Stoff viel schneller merke.

Elephanten leben nicht n am afrikanisc Kontinent son....

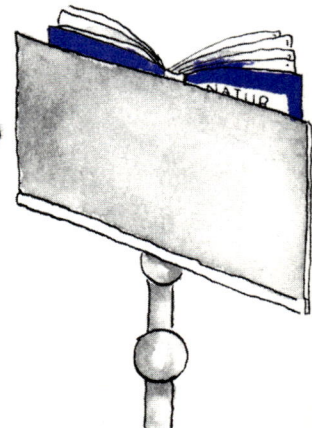

Du brauchst:
* deine Stimme
* Texte, die du flüssig lesen willst oder deren Inhalt du dir merken willst
* Notenständer oder Stehpult oder eine andere Stütze, wo du den Text in Augenhöhe anlehnen kannst
* Mut!

● Das kannst du damit üben:
* Deutsch
* Fremdsprachen (auch Latein!)
* Mitschriften in den Heften
* Texte aus Schulbüchern
* Zusammenfassungen, Merktexte

● So wird's gemacht:

* Du stehst aufrecht, den Text in Augenhöhe vor dir.
* Jetzt liest du einfach den Text oder einen Absatz – mit Stimme!
* Und jetzt: noch einmal, aber diesmal anders; du veränderst deine Stimme dabei.

Hier einige Vorschläge:

laut – leise – flüsternd – theatralisch – gedehnt – stakkato (abgehackt) – traurig – fröhlich – wütend – lustig – verliebt, mit englischem Akzent, oder französischem. Englische Texte kannst du auch in Mundart lesen . . . oder: .... (Schreib deine Vorschläge auf!)

* Unterstütze dein Lesen durch Hand- und Armbewegungen!

..... auch in Europa in Büchern!

Beate:
„1mal laut lesen soll so viel bringen wie 10mal leise!"

MUSIK

Sicher hast du auch gern Musik, und vielleicht hörst du sie auch gern beim Lernen, so wie ich. Im „Lerntraining" haben wir auch über Musik gesprochen und uns verschiedene Arten von Musik angehört und sie auf uns wirken lassen. Ich hab gemerkt, daß Musik nicht gleich Musik ist! Bei einer Art von Musik bin ich lustig und fröhlich geworden, bei anderer Musik dann traurig und melancholisch; andere Musik hat mich richtig wild gemacht! Und dann gibt es wieder andere Musik, die mich ruhig, friedlich und offen werden läßt. Ich hab gespürt, daß Barockmusik beim Lernen sehr angenehm ist und daß ich mich mit dieser Musik besser konzentrieren kann. Inzwischen gehört Barockmusik auch zu meiner Lieblingsmusik, und meine wilde Musik höre ich, wenn ich mit den Aufgaben fertig bin!

Du brauchst:
* Kassettenrekorder
* Barockmusik (Händel, Bach, Vivaldi, Telemann, Pachelbel, Albinoni)
* andere ruhige, fließende Musik; nur instrumental z. B.: Mohlzahn, Rainer: Moondance

● So wird's gemacht:
   * Einfach Kassettenrekorder einschalten!

● Das kannst du damit machen:
   * Aufgaben

Iris: Wußtest du, daß Musik unseren
Körper stärkt? Und ganz besonders
die Barockmusik!

Iris: Auf der Kassette, die es zum Buch gibt, ist auf der
einen Seite eher dynamische Musik. Ich lege diese Seite z. B.
auf, wenn ich ‚Stimme dazu' mache. Die andere Seite ist
ruhig und fließend. Das paßt gut zum ‚Vorbereitungsritual',
‚Bild dazu', ‚Mind Map', ‚Lernspaziergang'. Zwischendurch
finde ich es auch angenehm, wenn es still ist.

LERNPLAKAT

Ich mach besonders gern Lernplakate
und hab schon eine ganze Sammlung:
– mit Englischvokabeln, die ich mir nie
merken konnte.
– mit allen Baumarten, die wir lernen
mußten (dazu hab ich die Bäume auch
noch gezeichnet!)
– mit den Namen der Herrscher und Könige...
Ich verziere die Plakate mit Fotos oder Zeichnungen,
weil meine Augen dann lieber hinschauen.
Der beste Platz zum Aufhängen scheint bei uns
zu Hause die Klotür zu sein, jedenfalls muß
ich mit meinen Geschwistern immer um diesen
Platz streiten...

Du brauchst:
* Packpapier
* **3 dicke** Plakatschreiber
  (mit abgeschrägter Spitze)
* Fotos aus Katalogen
* buntes Papier, Reste von
  Geschenkpapier
* Klebeband zum Befestigen

● Das kannst du damit machen:

* Merksätze
* Vokabeln üben
* Rechtschreibung
* Formeln in Mathematik
* neue Ausdrücke

● So wird's gemacht:

  * alles, was du dir unbedingt merken willst, schreibst du
    auf das Lernplakat
      * eventuelle Fehler mit Papier überkleben – nicht
        durchstreichen
        * große Schrift – wenig Inhalt
          * nur Stichworte, keine Sätze
            * dort aufhängen, wo du es oft siehst
              * nach 2 bis 3 Wochen Plakat auswechseln
                (heb die Plakate für Wiederholungen vor
                Prüfungen auf!)

Beate: „Wenn ich dir sage, daß ein Lernplakat
ein vergrößerter Schwindelzettel ist, weißt du
ganz bestimmt, was du draufschreibst!"

DIKTATJOGGING

Kannst du dir vorstellen, beim Lernen außer Atem zu kommen?
Bei uns kommt das jetzt öfter vor, seit wir mit den neuen Lerntechniken arbeiten. Beim Lernspaziergang zwar nicht, aber dafür beim Diktatjogging!
Ich nehme das „Joggen" nämlich ganz wörtlich!

Du brauchst:
* Text oder Wörter, die du üben willst (Deutsch, Fremdsprache, Fremdwörter in anderem Fach)
* leeres Blatt Papier, Stift
* Schere
* Schachtel mit Deckel oder Körbchen mit Tuch

● So wird's gemacht:

* Schreib den Text auf das leere Blatt und laß zwischen den einzelnen Sätzen viel Abstand.
* Vergleiche, wenn du fertig bist, das Original mit deiner Abschrift. Falls du Fehler findest, bessere sie aus.
* Sei ganz genau beim Vergleichen!
Jetzt kommt's:
* Schneide die einzelnen Sätze auseinander!
* Nimm den ersten Satz und präge ihn dir gut ein, bis du ihn auswendig niederschreiben kannst. Nimm dir dafür so lange Zeit, wie du willst.
* Dann jogge mit deinem Satz in ein anderes Zimmer, leg den Streifen in eine dort vorbereitete Schachtel und gib den Deckel wieder drauf.
* Jogge zurück und schreib den Satz aus dem Gedächtnis auf.
* Weiter geht's zum nächsten Satz, bis alle Streifen in der Schachtel sind.
* Wenn du fertig bist, bist du sicher auch außer Atem! Kurz ausruhen, Schachtel holen und Streifen für Streifen kontrollieren.

Tip: Eventuelle Fehler aufs Lernplakat schreiben!

● Das kannst du damit üben

* Üben und Vorbereiten von Diktaten

51

WALKMAN-METHODE

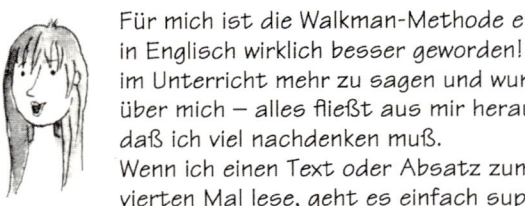

Für mich ist die Walkman-Methode einfach klasse! Ich bin in Englisch wirklich besser geworden! Nun traue ich mich im Unterricht mehr zu sagen und wundere mich oft selber über mich – alles fließt aus mir heraus, ohne daß ich viel nachdenken muß.
Wenn ich einen Text oder Absatz zum vierten Mal lese, geht es einfach super.
Ich habe das Gefühl, mit dem Sprecher mitzusurfen! Ich betone auch so wie der Sprecher – das ist einfach lustig! Meine Lehrerin sagt, daß sich meine Aussprache verbessert hat, daß ich flüssiger rede und lese und daß ich viel mehr mitarbeite...

Du brauchst:
* Walkman oder Kassettenrekorder
* Kassette mit den Lehrbuchtexten
* Mut!

● Das kannst du damit üben:
  * Fremdsprachen

Geheimtip!

● So wird's gemacht:

  * Kassettentext anhören und dabei mitlesen (Text sollte vorher in der Schule erarbeitet sein, Vokabular und Strukturen sollen bekannt sein).

  * Kassette zurückspulen

  * Text erneut anhören und dabei mitlesen, aber: diesmal laut mitlesen! Ja, gleichzeitig mit der Kassette! Du meinst, das geht nicht? Weil der Sprecher zu schnell ist? Einfach dranhängen!

  * Zurückspulen und

  * das Ganze noch einmal!

Du wirst staunen: Diesmal gelingt es schon viel besser!

Vorgang insgesamt mindestens 3−4mal wiederholen und du wirst merken: beim vierten Mal bist du schon so gut wie der Sprecher!

Du machst dann die Pausen an den richtigen Stellen, kommst im Tempo mit, betonst so wie der Sprecher...

Wenn du immer schnell zurückspulst, geht das viermalige Lesen eines Textes ganz schnell!

ENGLISH

Mit Schirm Charme und Melone!

MIND MAP

Herrlich, diese Mind Maps! Für mich ist das Lernen viel spannender, seitdem ich mit den Mind Maps arbeite! Ich bekomme schnell einen Überblick über den Lernstoff, erkenne die Zusammenhänge deutlicher und hab immer genug Platz auf meinem Zettel, weil man überall etwas dazuhängen kann. Und wenn ich Stoff wiederhole, z. B. bei einem „Lernspaziergang", dann nehme ich meine Mind Maps mit und gehe sie Ast für Ast durch. Wenn ich merke, daß ich zu einem Punkt nichts weiß oder unsicher bin, hole ich mir das fehlende Wissen aus meinem Heft oder meinem Buch! Ich verwende aber die Mind Maps auch für ganz andere Dinge: um meine Geburtstagsfeier zu planen oder wenn ich überlege, was ich alles auf den Skikurs mitnehmen möchte . . .

Du brauchst:
* leeres, unliniertes Blatt Papier
* Stift, eventuell verschiedene Farben (um einzelne Äste farblich hervorzuheben)

● Das kannst du damit üben:

* Zusammenfassung von Stoffkapiteln oder Teilbereichen
* Übersicht über Lernstoff, Schularbeitenstoff
* Planen eines Aufsatzes oder eines Referates

● So wird's gemacht:

* In die Mitte des Blattes schreibst du – in BLOCKSCHRIFT – das Thema und kreist es ein.
* Von diesem Kreis aus gehen Äste in alle Richtungen; diese Äste verzweigen sich zu Zweigen und Nebenzweigen – wie ein Baum!
* Auf die dicken Äste schreibst du, wieder in Blockschrift, Schlüsselwörter zu dem Thema und auf die Zweige und Nebenzweige Details und noch kleinere Details (zu den Schlüsselwörtern).

RANDMEERE
HALBINSELN
NORDSEE
INSELN
MEER
MITTELMEER
WELTMEERE
PAZIF. OZEAN
ATLANT. OZEAN
NÖRDL. EISMEER
INDISCHER OZEAN
EUROPÄISCHES M.

Wichtig!
Vom Großen zum Kleinen
Vom Allgemeinen zum Konkreten
* Keine Sätze, v. a. Hauptwörter

Meere: Große zusammenhängende Wassermassen, die insgesamt 361 Millionen km^2 (fast 71%) der Erdoberfläche bedecken, zum größeren Teil (206 Millionen km^2) auf der Südhalbkugel. Durch die Kontinente werden 3 große Weltmeere (Ozeane) voneinander getrennt: Pazifischer Ozean (auch Stiller Ozean), Atlantischer Ozean mit dem Nördlichen Eismeer und Indischer Ozean. Die Ozeane sind auf der Südhalbkugel miteinander verbunden, aber ihre Strömungen und Gezeiten sind selbständig. In die umgebenden Landmassen greifen sie ein als Randmeere, die durch Halbinseln oder Inselgruppen vom offenen Meer abgetrennt sind (Nordsee), als Binnenmeere, die in einem Erdteil eingelagert sind und nur eine schmale Verbindung zum Ozean haben (Schwarzes Meer), oder als Mittelmeer, das innerhalb eines Erdteils oder zwischen zwei Erdteilen liegt (Europäisches Mittelmeer). Nach der Tiefe unterteilt man ...

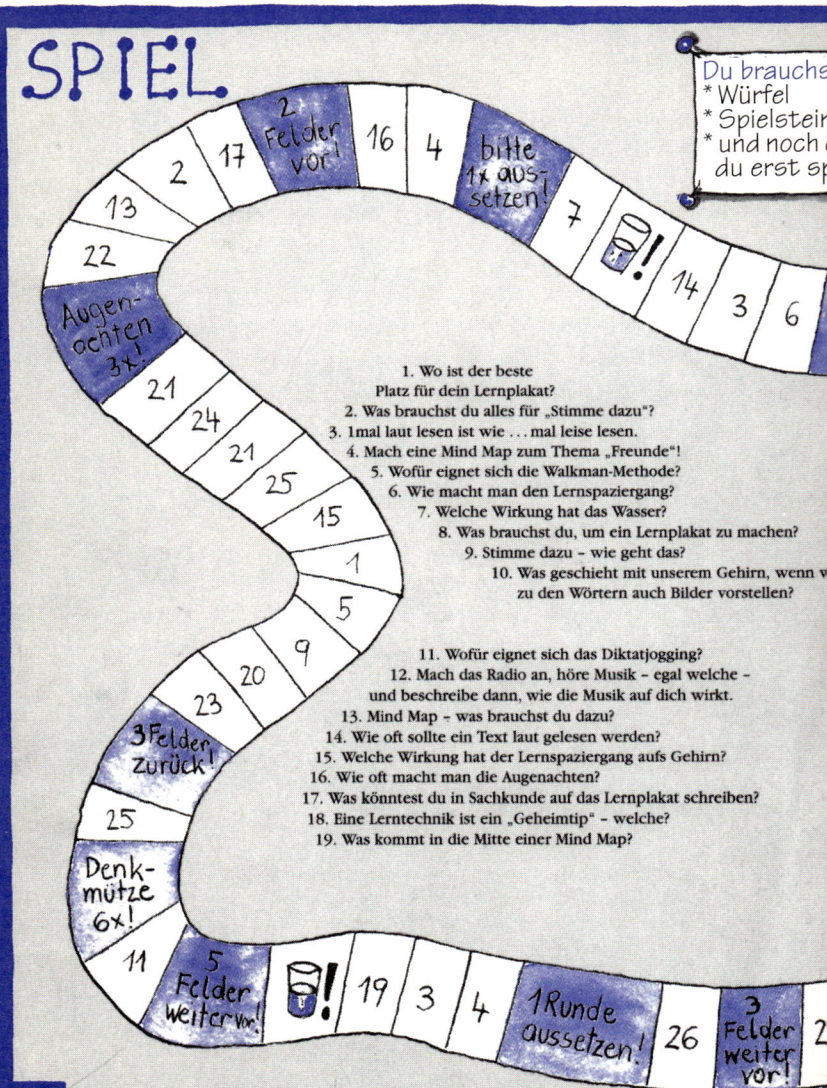

SPIEL

Du brauchs[t]
* Würfel
* Spielstein[e]
* und noch [...]
  du erst sp[...]

Felder auf dem Spielplan (in Leserichtung):
2, 17, 2 Felder vor!, 16, 4, bitte 1x aussetzen!, 7, ▯!, 14, 3, 6

13, 22, Augenachten 3x!, 21, 24, 21, 25, 15, 1, 5, 9, 20, 23, 3 Felder zurück!, 25, Denkmütze 6x!, 11, 5 Felder weiter vor!, ▯!, 19, 3, 4, 1 Runde aussetzen!, 26, 3 Felder weiter vor!, 2[...]

1. Wo ist der beste Platz für dein Lernplakat?
2. Was brauchst du alles für „Stimme dazu"?
3. 1mal laut lesen ist wie ... mal leise lesen.
4. Mach eine Mind Map zum Thema „Freunde"!
5. Wofür eignet sich die Walkman-Methode?
6. Wie macht man den Lernspaziergang?
7. Welche Wirkung hat das Wasser?
8. Was brauchst du, um ein Lernplakat zu machen?
9. Stimme dazu – wie geht das?
10. Was geschieht mit unserem Gehirn, wenn w[ir] zu den Wörtern auch Bilder vorstellen?

11. Wofür eignet sich das Diktatjogging?
12. Mach das Radio an, höre Musik – egal welche – und beschreibe dann, wie die Musik auf dich wirkt.
13. Mind Map – was brauchst du dazu?
14. Wie oft sollte ein Text laut gelesen werden?
15. Welche Wirkung hat der Lernspaziergang aufs Gehirn?
16. Wie oft macht man die Augenachten?
17. Was könntest du in Sachkunde auf das Lernplakat schreiben?
18. Eine Lerntechnik ist ein „Geheimtip" – welche?
19. Was kommt in die Mitte einer Mind Map?

rDinge, die
erfährst ...

noch 1x würfeln

20

8

Gehirn-knöpfe 1Min!

1 Feld zurück!

5

16

12 10 [image] ! 18 11 2

ZIEL

START

22

14

19

8

Lust auf Spielen?

Du würfelst und rückst um die gewürfelte Augenzahl vor, beantwortest die Frage und gibst dann den Würfel weiter. Ist die Antwort falsch, gibst du ein Pfand.
Bitte führe auch die Anweisungen auf den Feldern aus. Gewonnen hat, wer zuerst im Ziel ist! Wenn alle im Ziel sind: Pfänder auslösen!

Du kannst auch andere Regeln erfinden!

bitte aus-setzen!

12 9 23 1 15

17

6

13

10

7

20. Der Mount Everest ist der höchste
Berg der Welt. Schließe deine Augen und lasse
ein Bild kommen: male es dann auch auf!
21. Dein rechter Nachbar schreibt einen Satz auf.
Anschließend machst du Diktatjogging!
22. Welche Musik unterstützt besonders das Lernen?
23. Wie lange dauert das Vorbereitungsritual?
24. Wofür eignet sich der Lernspaziergang?
25. Was benötigst du zum Diktatjogging?
26. Beschreibe, wie das geht: Bild dazu!

ERFOLG MESSEN

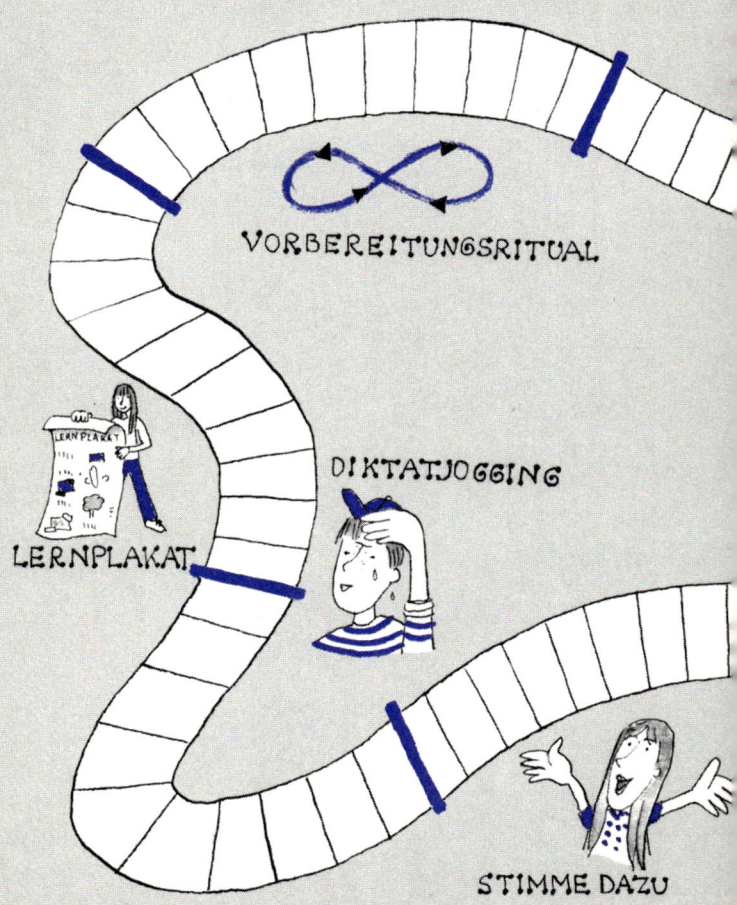

VORBEREITUNGSRITUAL

DIKTATJOGGING

LERNPLAKAT

STIMME DAZU

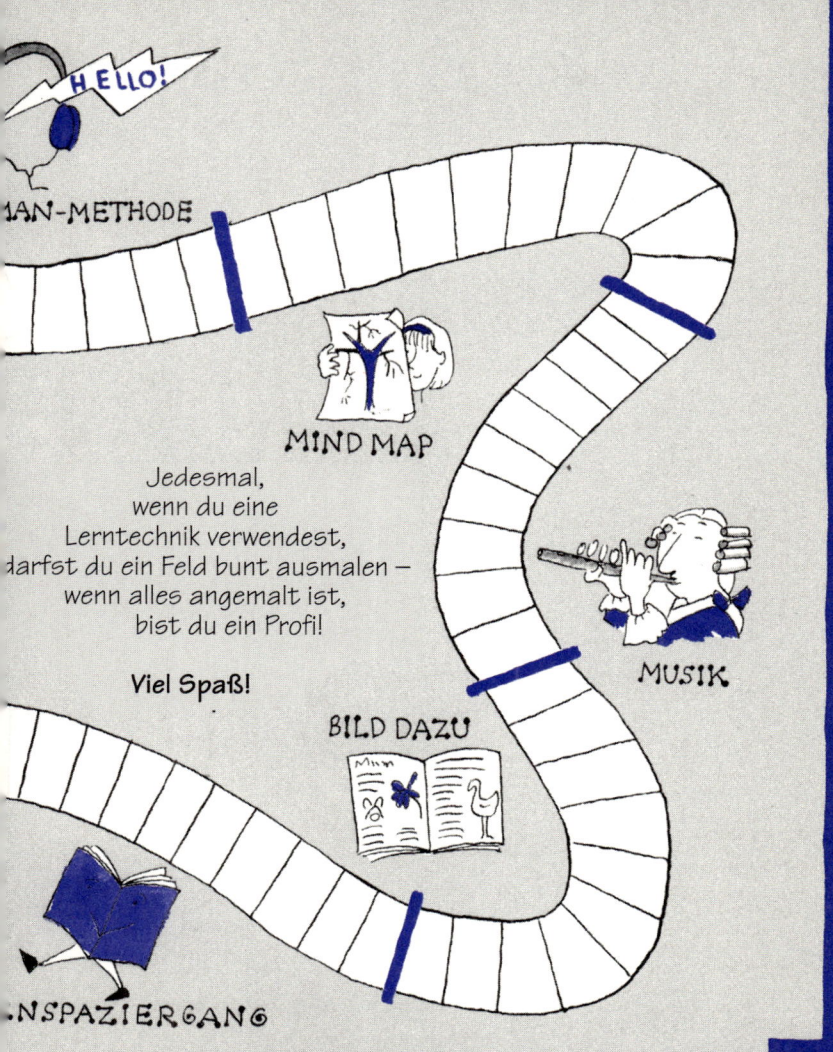

HELLO!

...AN-METHODE

MIND MAP

Jedesmal,
wenn du eine
Lerntechnik verwendest,
darfst du ein Feld bunt ausmalen –
wenn alles angemalt ist,
bist du ein Profi!

Viel Spaß!

MUSIK

BILD DAZU

...NSPAZIERGANG

NEUE LERNMETHODEN BY
HPT BREITSCHOPF

Erich Ballinger
Lerngymnastik 1
Bewegungsübungen für mehr Erfolg
in der Schule.
ISBN 3-7004-0231-7

Begleitmusik zur Lerngymnastik
ISBN 3-7004-0960-5

Erich Ballinger
Lerngymnastik 2
10 weitere EDU-kinestetische
Übungen zum Mitmachen.
ISBN 3-7004-0384-4

Lerngymnastik – MC
Übunganleitungen für
mehr Erfolg in der Schule mit Prof.
Ernst Tumpold.
ISBN 3-7004-0977-X

Erich Ballinger
Alex mit den rosa Ohren
Bewegungsübungen für Kinder im
Kindergarten- und Vorschulalter.
ISBN 3-7004-0279-1

Alex mit den rosa Ohren
Mitmachgeschichte mit Musik und
kinesiologischen Übungen.
ISBN 3-7004-3725-0

Du kannst mehr
VIDEO – VHS-System, Dauer
40 Minuten, 24 Übungen aus dem
Bereich der Kinesiologie.
ISBN 3-7004-0286-4

Ernst Tumpold
Schulangst – nein danke!
Zehn Übungen, basierend auf der
EDU-Kinestetik, helfen die Angst
bewältigen.
ISBN 3-7004-1238-X

Ernst Tumpold
Schulangst – nein danke! – MC
Übungen mit Musik und Anti-Angst-
und Tagesrückschau – Besser-
Einschlaf-Programm.
ISBN 3-7004-1239-8

Ernst Tumpold
**Kinder aufs Lernen vorbereiten –
in der Schule**
Praxis-Arbeitsmappe für den Einsatz
von EDU-Kinestetik-Übungen für
Eltern und Lehrer/innen.
ISBN 3-7004-0967-2

Silvia Meixner/Ernst Tumpold
**Kinder aufs Lernen vorbereiten –
im Kindergarten**
Praxis-Arbeitsmappe für den Einsatz
von EDU-Kinestetik-Übungen für
Eltern und Kindergärtner/innen.
ISBN 3-7004-0968-0

Ernst Tumpold/Herbert Gradl
Tips für helle Köpfchen
Tips und Tricks für leichteres Lernen
ISBN 3-7004-1237-1

Claudia Feichtenberger
Lernspiele
Leichteres Festigen des Lernstoffes mit
bekannten Spielen. Die vorgestellten
Lernspiele umfassen die Bereiche
Rechnen, Grammatik und
Fremdsprachen.
ISBN 3-7004-1234-7

Claudia Feichtenberger
Lerntechniken
Tips und Tricks für ganzheitliches
Lernen.
ISBN 3-7004-1235-5

NEUE LERNMETHODEN BY
HPT BREITSCHOPF

Lernmusik – MC
Die Kassette enthält u. a. Musikstücke
von Händel, Bach, Vivaldi, Telemann,
Pachelbel, Albinoni.
ISBN 3-7004-1236-3

Claudia Feichtenberger
Mind Mapping für Kinder
Eine neue Lernmethode zum
besseren Merken und Lernen.
ISBN 3-7004-3598-3

Johanna Lehner
Die Abenteuer von Nelli und Pelli
Kinesiologische Übungen – auf
spielerische Art verpackt.
ISBN 3-7004-0985-0

Renate Feuerlein
Timo und das Dschungeläffchen
Abenteuer im Dschungel mit
Mitmachübungen aus dem Bereich
der EDU-Kinestetik.
ISBN 3-7004-0981-8

Renate Feuerlein
Timo und das Dschungeläffchen –
MC
Mitmachgeschichte mit Musik und
kinesiologischen Übungen.
ISBN 3-7004-0982-6

Renate Feuerlein
Die drei kleinen Gespenster
Lustige Gespenstergeschichte mit
kinesiologischen Übungen.
ISBN 3-7004-3596-7

Renate Feuerlein
Die drei kleinen Gespenster – MC
Mitmachgeschichte mit Musik und
kinesiologischen Übungen.
ISBN 3-7004-3597-5

Renate Feuerlein
Ronni, der Roboter
Lustige Computergeschichte mit
kinesiologischen Übungen für
besseres Lesen und Schreiben.
ISBN 3-7004-3723-4

Renate Feuerlein
Ronni, der Roboter – MC
Mitmachgeschichte mit Musik und
kinesiologischen Übungen für
besseres Lesen und Schreiben.
ISBN 3-7004-3724-2

Leopold Maurer
Damit ich dich besser sehen kann
Übungen zum Verbessern der
Sehleistung normalsichtiger Kinder.
ISBN 3-7004-3599-1

Brigitte Haberda/Andreas
Westermeyer
Ich hab's im Griff
Kinesiologische Übungen für junge
Menschen.
ISBN 3-7004-3721-8

Hanni Rützler
Da beiß' ich 'rein
Natürlich gesund essen!
Geschichten für Kinder und Tips für
Eltern für eine lustvolle, gesunde
Ernährung.
ISBN 3-7004-3722-6

Kleedorfer/Mayer/Tumpold
Lesen mit Lust und Hirn
Tips aus der Praxis und kinesiologi-
sche Übungen bei Leseproblemen
von Grundschulkindern.
ISBN 3-7004-0686-X

Erwin Brecher
Die IQ-Olympiade
Training für IQ-Tests für junge Menschen.
ISBN-3-7004-3627-0